LE TRIUMVIRAT DES ARTS,

OU

DIALOGUE ENTRE UN PEINTRE, UN MUSICIEN ET UN POETE,

SUR les Tableaux exposés au LOUVRE.

ANNÉE 1783.

POUR servir de continuation au COUP de PATTE & à la PATTE de VELOURS.

PRIX 1 livres 4 sols.

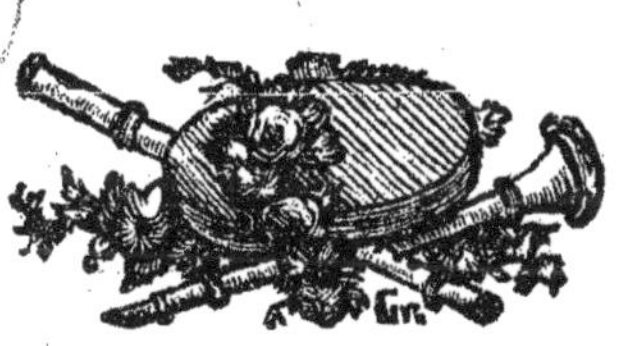

AUX ANTIPODES.

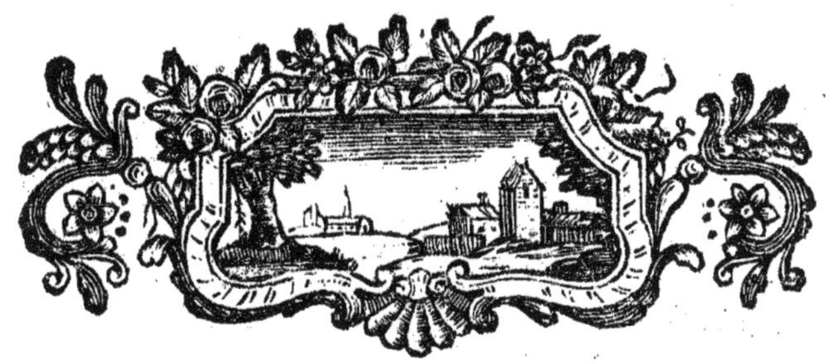

LE TRIUMVIRAT DES ARTS.

La voila revenue cette époque intéreſſante, après laquelle tant d'Artiſtes ont ſoupiré. Pour quelques jours la Campagne eſt abandonnée ; Paris ſe ranime, toutes les claſſes de Citoyens reviennent s'étouffer au Sallon. Le Public, Juge naturel des Beaux Arts, prononce déjà ſur le mérite des Tableaux que deux ans de travaux ont fait éclore. Ses opinions, d'abord flottantes & incertaines, acquiérent promptement de la ſtabilité. L'expérience des uns, les lumières des autres, l'extrême ſenſibilité d'une partie, & ſur-tout la bonne-foi du grand nombre parviennent enfin à produire un jugement d'autant plus équitable, que la liberté la plus entière y a préſidé.

Je ne ſaurois ſouffrir ni ces eſprits jaloux que l'éloge d'autrui fatigue ou attriſte, ni ces petits

Docteurs imberbes qui prennent la faculté de réfléchir pour une charge humiliante, ni ces lourds automates, insensibles aux charmes de la Peinture, parce que les beautés de la nature ne les ont jamais touchés, ni même, s'il faut le dire, ces Littérateurs présomptueux chez qui l'ignorance absolue de tous les Arts est regardée comme un titre incontestable pour en bien juger ; mais fort heureusement l'amas confus de leurs décisions ridicules ne forme pas un tout assez lié pour étouffer la justice : du milieu des erreurs qu'ils entassent, s'élève une opinion générale composée des sentimens épurés de chaque individu. La foule de ces erreurs peut être grande, je l'avoue; mais si les vérités sublimes font lentement des prosélytes, avec le temps chaque erreurparticulière a bien moins de partisans qu'elle.

Plût au Génie protecteur des Arts, que la Musique, l'Éloquence & la Poésie, possédassent, comme la Peinture, au sein de Paris, un vaste théâtre où ni le rang, ni la faveur, ni la richesse ne pussent retenir des places pour le mauvais goût.

L'extrême liberté donnée chez les Grecs à la critique populaire, est ce qui a contribué le plus à les rendre supérieurs à toutes les nations de l'univers. Les Italiens doivent à cette même liberté leurs Peintres & leurs Musiciens célèbres; je croirois assez que la critique ne sert de rien à la plupart des Artistes, mais elle instruit l'Amateur qui vient décider de leurs productions ; ne fît-elle qu'ouvrir les yeux & fixer l'attention de leurs Juges, c'est un service qu'elle rend aux Arts ; & quand les beaux ouvrages sont aussi nombreux qu'on le voit ici, les Artistes doivent être les premiers à l'exciter pour leur propre gloire.

Parmi les Peintres, cependant, il en est qui se font un mérite de repousser la critique de différentes manières, les uns par des allégories de leur métier, les autres par de petits versets de Journal, ceux-ci par un faux air de supériorité, ceux-là en criant à l'horreur, à l'atrocité. Ces petites ruses n'en imposent guères. Tout le monde sait que la critique libre est le seul moyen qui fournisse la vérité ; il est même assez rare qu'un mauvais critique ait tort sur les points où il désapprouve ; mais incapable d'élever son ame à la sublimité de celle des grands Artistes, il ne sauroit, je l'avoue, mettre au jour ni rendre palpables certaines beautés que la multitude n'apperçoit qu'avec le secours de la réflexion ; & c'est à cela que l'on distingue la bonne critique de la mauvaise : c'est ce qui doit faire desirer aux Peintres que les bonnes se multiplient ; c'est ce qui doit leur prouver qu'à toute critique, la meilleure réponse est un bon Tableau.

Je n'en suis pas moins d'avis que si quelqu'un a droit de juger l'Artiste, c'est l'Artiste qui marche après lui ; car on voit toujours plus loin qu'on n'arrive. Racine pouvoit juger Corneille, Buffon peut juger Rouſſeau. . . . .

Auſſi toutes les fois que l'on m'offrira quelque choix à faire entre l'opinion d'un Peintre ou celle d'un Homme de Lettres, j'établirai ſouvent ma préférence ſur le même principe qui me feroit adopter celle de l'Homme de Lettres dans un point de Littérature; mais d'un autre côté les opinions uniformes de la multitude l'emporteront ſouvent chez moi ſur l'opinion de l'Artiſte. Quelque petite que ſoit la ſomme particulière de lumière & de ſentiment répartie ſur chaque homme libre, en les réuniſſant il s'en forme une maſſe d'un plus grand poids que le jugement iſolé du Praticien. Cette réflexion ne devoit pas échapper au Statuaire habile qui, dans ſes livres, a relevé l'ineptie de pluſieurs Écrivans célèbres, & même a repris M. de Voltaire ſur des points où il ne paroît avoir été que l'écho de la multitude.

N°. 11. Eh, qui ne tombera pas d'accord, par exemple, que le Tableau de Virginie eſt une production chétive? Où eſt le Spectateur de bon ſens, & inſtruit du trait d'hiſtoire, qui ne ſera pas révolté de le voir ainſi rendu? Ce n'eſt point ici un de ces ſujets ordinaires, où la manœuvre du pinceau dédomage du manque de vérité dans la ſcène & dans les expreſſions. Cet événement a changé la face de Rome; il a conduit à l'exil ou aux ſupplices ſes dix barbares Souverains. Le Peintre a manqué ſon effet, ſi, voulant repréſenter le dernier degré de la tendreſſe paternelle & du déſeſpoir, il ne fait pas ſoupçonner en même-temps le dernier degré de la tyrannie. Où eſt ce ſcélérat Décemvir, qui, pour poſſéder une Vierge libre, engage ſon client à la réclamer devant lui comme étant une de ſes Eſclaves? Où eſt ce lâche exécuteur d'une violence horrible? Eſt-ce dans le deſſein de rendre Appius plus mépriſable, que l'Auteur du Tableau nous offre, ſous des traits dénués de graces, la victime de ſa paſſion brutale? Mais le tendre & généreux amour du brave Icilius, fait préſumer dans celle qu'il aime une phyſionomie plus touchante; d'ailleurs, il n'eſt pas toujours vrai que l'homme vicieux ſoit privé de goût; c'eſt le ſort de l'innocente beauté d'arracher quelques deſirs aux cœurs les moins dignes d'elle. Vois-je le père infortuné donner le coup mortel à ſa fille, en lui diſant: *Meurs, Virginie, libre & pure*, ou bien lève-t-il contre Appius ſon fer enſanglanté, en lui criant: *C'eſt par ce ſang que je dévoue ta tête aux Dieux infernaux:* conjuration terrible après laquelle le peuple oſe ſe charger de la vengeance des Dieux.

Non; il n'y a pas une ſeule apparence de douleur que l'on ne puiſſe attribuer à des cauſes très-différentes; l'attitude & la grimace des perſonnages annoncent bien quelques-unes de ces ſcènes tragiques, qui ſe paſſent quelques-fois ſous les yeux de la populace; mais ſi l'Auteur prétendoit qu'il a peint l'Hiſtoire, je lui dirois que ſon Tableau ment.

N°. 13. O Romains! vous n'êtes pas ici les ſeuls que la broſſe du Peintre ait défigurés; les perſonnages créés par la Poéſie, un épiſode charmant du Taſſe, le nom de la tendre Herminie, ſervent de prétexte pour offrir à nos regards les plus dégoûtans objets. Mais ne ſeroit-ce point par mégarde qu'une pareille toile ſe trouve au Salon? Ce peut-il que l'Auteur de cet inſigne barbouillage ait mérité jamais l'honneur d'y paroître? Quelle ridicule ébauche! quelle profanation hardie du plus heureux ſujet qu'ayent offert les Poëtes aux Peintres de ſentiment! Au moins ſi ce Tableau n'avoit d'autres vices que de la foibleſſe dans l'expreſſion, un manque d'harmonie dans le coloris, de l'incorrection dans le deſſin, ſa nullité le feroit oublier; mais il attire le Spectateur par un mêlange de couleurs vives, & ne ſurprend ſon attention que pour lui montrer une baſſeſſe d'expreſſion ſans exemple, une ignorance de deſſin complette, & le plus abſurde rapprochement de nuances qu'aucun Ecolier ſe ſoit encore permis.

J'ai la ſatisfaction de ne pas voir d'indignes mains retracer les tableaux d'Homère; c'eſt à de jeunes

Peintres qu'il convient d'exprimer le courroux d'Achille. La peinture des passions bouillantes n'appartient de droit qu'aux cœurs capables des mêmes transports; mais par une destinée qui ne permet qu'au petit nombre de se distinguer dans les beaux Arts, il ne suffit pas d'être plein d'ardeur & de sentiment, si l'on ne joint la vérité de la nature à la grandeur de l'idéal : on voit le Poëte & le Philosophe, quelque temps séduits par un bel ouvrage, le quitter pour n'y plus revenir, & continuer la recherche qu'ils font d'un chef d'œuvre.

Depuis quatre ans la Peinture Françoise a pris un essor peu commun; le genre minaudier, si longtemps admis dans l'Ecole, s'est trouvé tout-à-coup abandonné : je ne sais quelle révolution subite a changé tous les esprits; mais le Public, fatigué de la petite manière des anciens Maîtres, a, sans hésiter, porté ses applaudissemens aux nouveaux; il est intéressant de fixer en faveur de l'avenir le premier instant de cette glorieuse époque.

Celui qui se montra d'abord un des restaurateurs du grand goût, ce fut l'Auteur des Tableaux de Polixène, de Susanne justifiée, de Léonard de Vinci. L'art d'appeler & de fixer l'œil par de grandes masses bien ordonnées, est un de ses principaux mérites; sa manière de peindre est, dit-on, large & facile : je le trouve moins passionné qu'élégant; il ne fait voir dans son dessin ni la pureté ni la

M. Menageot.

correction qui mettent l'Artiste à portée de rendre les différentes expressions du sublime ; sa grace, un peu dépourvue de science & de chaleur, ne lui prépare qu'une place honorable au second rang des Peintres de sa nation.

M. Vincent. L'Auteur du Paralytique fit voir après lui qu'il étoit des moyens de réussir plus éloignés encore des principes surannés de l'École régnante : il obtint une préférence marquée ; mais certains défauts, répétés dans d'autres compositions, firent craindre que son impétuosité, mal dirigée, ne produisît de belles choses que par hasard.

M. David. Le troisième, bravant ouvertement les préjugés reçus par ses devanciers, parut vouloir se faire estimer en choquant même le goût public ; son coloris noir, ses sujets d'un aspect moins touchant que fâcheux à voir ; son dessin sévère & correct, mais sans graces ; ses expressions fortes, mais sans noblesse ; tout, en un mot, sembloit devoir éloigner le Spectateur de ses compositions. Toutefois le mérite inestimable d'être original ramena vers lui la plupart de ceux que la tristesse de son genre avoit écartés.

M. Renaud. Un dernier Maître, qui annonce davantage encore l'originalité du génie, vient leur disputer les regards du Public. Correction & pureté de dessin, grandeur de style, couleur vigoureuse, toutes ces qualités à la fois feroient distinguer avantageusement l'éducation d'Achille, ſi l'on y trouvoit la force d'expreſſion qui manque encore à l'École.

Voilà les hommes qui, embelliſſant chaque Sallon de leurs ouvrages, en ont fait une galerie digne d'attirer la foule. Il ſeroit à deſirer que le ſyſtême d'indulgence qui a favoriſé l'entrée de ces jeunes Artiſtes à l'Académie ſe perpétuât; car on doit s'appercevoir que la condition tacite d'après laquelle on admettoit auparavant les Peintres, en eût exclu Raphaël & le Pouſſin. Comment pourroit-on ne pas s'avouer que chaque Homme de génie a néceſſairement ſa manière à lui? Que la facilité de prendre une manière ſervile & bannale eſt la marque la plus certaine d'un génie foible & rampant, indigne de cultiver les Beaux-Arts? Comment a-t-on pu exiger ſi long-temps des Hommes que l'on ſe choiſiſſoit pour Confrères, la preuve de cet humiliant caractère? Auſſi le titre d'*Académicien* commençoit-il à devenir un ridicule, & le nom de *goût François* à donner chez les étrangers l'idée complette du mauvais goût. Aujourd'hui l'Académie ſemble ne demander à ſes nouveaux Membres qu'une connoiſſance profonde de pluſieurs parties de l'Art : conduite ſage & vraiment louable, puiſque loin de retenir le vol du Génie dans une carrière bornée, elle exige qu'il ait des ailes, afin de s'élancer au-delà.

Le temps viendra, ſans doute, où les Artiſtes,

après avoir assez multiplié les preuves d'intelligence & de talent, s'efforceront de prouver aussi qu'ils ont une âme infiniment élevée au-dessus des âmes vulgaires ; ils chercheront à bien rendre certaines expressions dont la nature offre peu de modèles ; car elle a voulu que le beau fût rare en tout genre ; cette partie essentielle de l'Art ne s'étudie pas dans les Atteliers, ni même dans la conversation des Peintres, elle tient à la connoissance du cœur humain ; & c'est dans les écrits des Moralistes sincères, tels que Montagne, Fenélon, J. J. Rousseau, & dans tous les ouvrages où les grands Artistes ont pu se peindre eux-mêmes, que cette connoissance doit s'acquérir. En relisant les rôles d'Horace, de Polieucte, de Cinna, de César, d'Auguste, de Médée, on juge quelle espèce de physionomie convient le mieux à chacun de ces personnages. En considérant avec attention les Tableaux de Raphaël, de Lebrun, du Poussin, de le Sueur, on s'apperçoit aisément qu'ils n'ont pas servilement copié le masque d'un modèle, quand ils ont voulu peindre ou des Héros ou des Dieux. Les Peintres & les Poëtes feront bien de se rendre amis, ils peuvent se prêter souvent de mutuels & d'importans secours. La Musique n'a que de légers rapports avec la Peinture, mais elle entretient dans l'ame une sensibilité douce, ou la livre à des transports véhémens bien utiles à ces deux Arts. D'ailleurs, le ſimple amour du beau ſuffit pour établir une correſpondance intime de ſentimens & d'idées entre tous ceux dont les travaux ont pour but d'étudier la Nature. Les Poëtes, les Muſiciens & les Peintres iroient-ils ſe diſputer ſottement une préſéance imaginaire, quand ils ſavent que le génie de chacun d'eux doit trouver dans la direction qu'il a priſe de quoi s'élever toujours? L'homme qui chérit un art eſt injuſte, s'il montre pour les autres une eſtime foible; en un mot, l'Artiſte n'eſt à ſa place qu'au ſein des Artiſtes, il y doit chercher ſa gloire comme il y doit trouver ſon plaiſir.

J'ai réuni dans ce Dialogue les trois claſſes d'hommes que j'invite à ſe rapprocher.

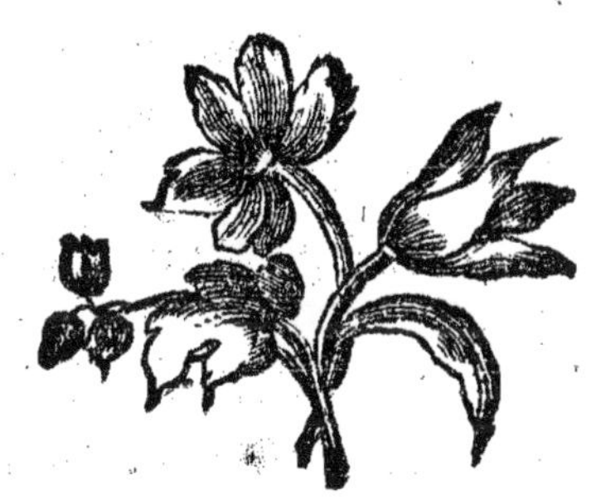

DIALOGUE
ENTRE
UN PEINTRE, UN MUSICIEN ET UN POËTE.

Le Musicien. SOUVENEZ-VOUS bien que nous n'avons ici qu'un droit fort précaire, & qu'il n'y appartient qu'aux Peintres de juger en dernier ressort.

Le Poëte. A la bonne-heure ; mais le droit de
N°. 13. rire, nous en jouissons, & voilà une Herminie qui m'excite à en faire usage.

Le Musicien. On se doute qu'elle a dérobé cet ajustement guerrier. Comme elle y paroît mal-à-son-aise !

Le Poëte. Eh ! que diriez-vous, si je vous prouvois que cet ouvrage est un chef-d'œuvre ?

Le Musicien. Je vous ferois répéter la chose, car il est sûr que j'aurois mal entendu.

Le Poëte. Point du tout ; la manière dont on a peint ce Tableau n'est point une manière ordinaire ;

il eſt preſque impoſſible de l'employer plus heureuſement : on en croyoit le ſecret perdu.

Le Muſicien. Voyons encore : me ſerois-je mépris, ſeroit-ce une peinture à l'encauſtique ?

Le Poëte. Non.

Le Muſicien. Seroit-ce du verre coloré ?

Le Poëte. Bon ! la toile, devenue raboteuſe par l'épaiſſeur de la peinture, a-t-elle pu vous laiſſer dans cette erreur ?

Le Muſicien. Vous avez beau dire, je ne ſais que ces deux manières de peindre dont le ſecret ſoit perdu.

Le Poëte. Je vois que vous n'êtes pas encore au fait de l'hiſtoire de la Peinture. Je ſuis fort aiſe d'avoir quelque choſe à vous apprendre. Sachez donc qu'il y eut jadis un certain Protogène qui s'amuſoit à peindre ; la fantaiſie lui prit de faire un chien de chaſſe ayant la gueule écumante ; après avoir eſſayé de mille façons, ne ſachant plus comment s'y prendre, de dépit il lui jeta ſa broſſe pleine de couleur à la tête, & voilà ſur le champ de l'écume peinte à ravir.

Le Muſicien. Eh ! mais vraiment oui ; ce Tableau ne doit avoir été peint qu'à la manière de Protogène.

Le Poëte. Voulez-vous voir une compoſition qui prouve bien l'influence du climat ſur les talens ? Voyez ces deux veuves d'un Indien. N°. 2.

Le Musicien. Comment cela?

Le Poëte. C'est que le Peintre l'a faite sous un autre ciel que celui-ci, auquel nous devons attribuer sans doute les médiocres ouvrages qu'il nous a long-temps donnés.

Le Musicien. J'observe en effet dans ce Tableau bien des choses recommandables : le coloris en est assez bon, l'ordonnance bien entendue, la scène bien aérée. Les soins que le Peintre s'est donnés avec succès sollicitent l'indulgence pour quelques reproches qu'on pourroit avoir à lui faire. Son grouppe de femmes fuyantes est plein d'élégance ; par quelle fatalité cette composition, la plus belle que j'aye encore vûe de l'Auteur, laisse-t-elle dans l'âme un froid qui me force de lui applaudir en bâillant ?

Le Poëte. Vous êtes Musicien, vous saisirez le sens de ma comparaison : si de deux cordes, montées à l'unisson, l'une résonne, à coup-sûr l'autre frémira. Il y a des âmes sans ressort & sans ton qui n'en ont jamais ému d'autres.

Le Musicien. Écartons-nous un peu par ici, nous donnerons un coup-d'œil au départ de Priam.

Le Poëte. Est-ce que l'Auteur auroit dessein de nous donner en Tableaux toute une suite de l'Iliade? Cela, de sa part, seroit aussi piquant qu'une histoire Romaine en Madrigaux.

Le Musicien. J'estime beaucoup plus ce Maître que

ſes ouvrages ; il me paroît n'avoir jamais eu aſſez de verve pour forcer l'école de revenir au bon ſtyle ; mais il en fut le partiſan fidèle : ici même on reconnoît encore l'Auteur du Tableau d'Hélène, que ceux qui l'ont vû n'oublieront jamais, tant la diſpoſition en étoit heureuſe, tant les acceſſoires en étoient bien peints, tant le coſtume en étoit convenable, tant la couleur en étoit belle, tant il y manquoit d'expreſſion !

Le Poëte. N'eſt-il pas ſingulier qu'aucun Peintre vivant ne ſe ſoit appliqué à rendre la diverſité d'effets que produiſent ſur le viſage les diverſes paſſions de l'âme ? Ce qui place deux de nos anciens Peintres à côté de Raphaël, c'eſt pourtant d'avoir tourné preſque tous leurs ſoins du côté de l'expreſſion ; en effet, qu'eſt-ce qu'un Tableau parfaitement deſſiné, ſéduiſant à l'œil par des maſſes de clair & d'ombre, ſi, lorſque je veux arrêter ma vûe ſur les perſonnages, partout je retrouve tel ou tel modèle déguiſé en Achille, en Ulyſſe, en Bacchus ? Que me fait que l'on ait imprimé dans un Catalogue : c'eſt ici la veuve d'Hector, ſi je ne vois qu'une femme ordinaire implorant la bonté du Ciel en faveur d'un moribond ? Je préfère l'adreſſe de ce Peintre, aſſez connu, qui prenoit la peine d'écrire lui-même ſur ſes Tableaux : *ceci eſt un coq ;* par cette ingénieuſe précaution il évitoit au ſpectateur le ſoin d'acheter un livre.

Le Musicien. Monsieur, si Raphaël & le Poussin ont porté au plus éminent degré la science de l'expression, cela prouve certainement la beauté de leur génie, mais cela fait aussi l'éloge des hommes de leur temps.

Il n'est pas facile aujourd'hui de reconnoître aux traits du visage les sentimens de l'âme. Ce n'est pas surtout dans Paris que cette étude est possible. On diroit que chaque homme n'y est occupé sans cesse qu'à se contrefaire. Tout les états ont pour principe inviolable de se tromper mutuellement. Toutes les professions exigent un extérieur apprêté; les passions généreuses une fois éteintes, il semble qu'on ait borné tous ses efforts à cacher les passions viles, rien ne transpire des secrets du cœur; une longue habitude de dissimulation a coupé tout rapport entre la figure & lui. Dans quels lieux ouverts au Public nos Artistes iront-ils épier la Nature? Chez le Peuple, ils trouveront des expressions hideuses; parmi les Grands, des expressions fausses; dans les rangs intermédiaires, des expressions communes.

Le Peintre. Que ne vivent-ils familièrement entre eux. L'ame des Artistes ayant plus d'énergie, fournit plus souvent de ces caractères de tête fortement prononcés, que l'on aime, que l'on cherche à voir dans les grands Tableaux.

Le Musicien. Si l'on entrevoit ici quelque teinte

d'un sentiment vrai, mais un peu commun, c'est N°. 51.
dans le Tableau de Guise chez le Président de Harlay. La physionomie d'Andromède est touchante. N°. 167.
Achille apprenant du Centaure à tirer de l'arc, exprime assez le caractère de l'attention. Mais pourquoi, dans l'Andromède, cette pose forcée N°. 166.
dans la mère, cette attitude peu décente, dans le père, cette posture qui rappelle trop le genre de la vieille Ecole.

Le Poëte. Persée seroit, ce me semble, une figure sans défaut, si elle étoit un peu moins longue. Jetez les yeux sur une petite esquisse du même Auteur, qui représente Pyrrhus massacrant Priam sur le der- N°. 170.
nier de ses fils; vous y distinguerez une forte & belle pensée, le germe d'un talent décidé pour l'expression. Si cette esquisse me laissoit à desirer quelque chose, ce seroit d'en voir le Tableau.

Devant quel ouvrage me menez-vous? Il est bien N°. 5.
jaune. Oh! oh! par quel hasard a-t-on ordonné au Peintre un sujet tiré des Mille & une Nuit?

Le Musicien. Apprenez, s'il vous plaît, qu'il est au contraire tiré de l'Ecriture. Je ne l'invente pas: le Livre le dit.

Le Peintre. Le Livre se trompe assurément. Je vois fort distinctement ici, par terre, le grand Visir Giaffar, tué de la main de son maître, qui l'aura peut-être surpris dans quelque faute un peu grave. Ne reconnoissez-vous pas aussi, à sa gauche,

Mesrour, le Chef de ses Eunuques. Je l'ai toujours dit, que Giaffar finiroit mal avec un maître aussi sévère & aussi violent que le Calife Haroun-Alraschild.

Le Musicien. Mais, non, encore une fois : regardez-y mieux : c'est Mathathias tuant un Juif qui sacrifioit aux Idoles. La chose est certaine, le Catalogue l'atteste.

Le Peintre. J'en suis fâché pour le Catalogue ; mais personne, en vérité, n'y croira. Voulez-vous savoir mon avis ? L'Auteur auroit dû ne point exécuter son Tableau. . . . .

. . . .

N°. 33. *Le Musicien.* Il faut que je voye où veut aller ce grand homme qui donne des coups d'épée dans l'air.

Le Peintre. Il veut peut-être frapper la grande figure qui tombe du Ciel, & qui semble encore étourdie de sa gloire.

Le Musicien. Pourquoi ne pas attendre ; elle sera tout-à-l'heure à terre.

Le Peintre. Oh ! nous n'y sommes pas, vraiment. Je devine à présent ce que c'est. Examinez, & dites-moi si vous ne trouvez pas que cela ressemble à une Résurrection ?

Le Musicien. Ma foi, cela pourroit être, car

voilà des gardes qui dorment, un autre qui grimpe les degrés deux à deux pour livrer bataille à la figure d'en haut, & la remettre en prison, morte ou vive. A la manière oblique dont il monte ces degrés, je suis persuadé qu'il en sauteroit six à la fois, s'il s'y prenoit de la manière ordinaire; mais que font-là, s'il vous plaît, ces demi-corps de gens plus éveillés que les gardes?

Le Peintre. Ce sont peut-être des témoins apostés pour certifier le fait. A votre tour, éclaircissez mon doute; est-ce l'escalier de la prison qui est trop petit pour le soldat, ou bien est-ce le soldat qui est trop grand pour l'escalier? quoi qu'il en soit, je sens que l'un n'est pas propre à l'autre..... Il me vient une inquiétude.

Le Musicien. Quelle est-elle? Parlez.

Le Peintre. Vous savez combien les Flamands ont été grands coloristes. Cet ouvrage est destiné pour l'Église de Saint-Walburge, à Bruges en Flandres; que diront les gens de ce pays-là de la couleur Françoise? Ce n'est pas tout: vous savez aussi que Jean de Bruges est l'inventeur de la peinture à l'huile; & s'il se trouve enterré dans l'Eglise de Saint-Walburge, quel regret n'aura pas son ombre, quand elle saura qu'on employe sa découverte à fixer sur la toile d'aussi pauvres compositions?

Le Peintre. Nous sommes bien près d'un sujet N°. 93.

pris d'Homère : vous plairoit-il le regarder ?

Le Musicien. Vous me voyez hésiter à suivre votre invitation. J'ai tant de fois vu les Fables d'Homère parodiées en peinture, que je crains d'y être repris.

Le Poëte. Rassurez-vous : le Tableau qu'a présenté ce Poëte sublime n'est pas à la vérité rendu, mais il n'est point parodié. Le Peintre n'avoit à choisir qu'entre deux momens superbes de ce combat merveilleux. Il pouvoit ou peindre Achille entouré par les eaux du Xante, ou le Xante & le Ximoïs fuyant le courroux d'Achille ; c'est le dernier moment qu'il a pris. Que l'on se figure deux fleuves épouvantés, forcés de rentrer dans leur lit, & de précipiter leurs ondes que dévorent un feu vengeur. Que l'on se figure Achille poursuivant à son tour des demi-Dieux unis pour l'accabler. Comme je verrois avec plaisir ces deux fleuves redoutables, prêts à se plonger dans les abymes, demander grace avec colère & se plaindre en fuyant toujours ! Qu'Achille me paroîtroit beau s'élançant avec majesté des bords d'un affreux rivage ! Si j'étois Peintre, je voudrois ne pas suspendre l'action comme pour donner au spectateur le tems de la considérer. Je ne mettrois pas sur le devant du Tableau les vaincus dont la fuite doit se prolonger, ni presqu'au bout de leur course, & marchant vers moi, les vainqueurs qui les poursuivent toujours. Vulcain dirigeroit ſes feux, & n'auroit pas l'air, ſeulement de les conduite. Je n'aurois point repréſenté l'un des fleuves ſur le point de ſe noyer, ni l'autre oppoſant une audace commune aux volontés du deſtin. Je n'aurois point enfumé la Cour céleſte. L'Achille ſe préſenteroit ſous des proportions moins *fluettes*. Ce ne ſeroit pas par la ſeule ouverture de ſes yeux que je marquerois ſa fureur; il pouvoit s'offrir ſous une attitude plus véhémente, avec moins d'exagération. Mais je m'apperçois que je fais une critique, après avoir fait eſpérer un éloge.

Le Muſicien. Vous m'avez communiqué tous vos ſentimens; je regarde ce ſujet d'une vérité pour ainſi dire giganteſque, comme celui par lequel un grand Peintre devroit fermer ſa carrière avant que l'âge vînt affoiblir ſon pinceau. Dans l'idée que je me ſuis formée des plus habiles Peintres, aucun, je crois, n'auroit été capable de me rendre l'impreſſion qu'Homère me fait éprouver. J'imagine, peut-être à tort, que s'ils euſſent voulu peindre ce trait ſublime, Raphaël eût manqué d'énergie, Michel-Ange eût manqué de nobleſſe, & que notre admirable Pouſſin eût manqué d'enthouſiaſme; peut-être auſſi que leur génie, embrâſé par celui d'Homère, ſe fût élevé, comme le ſien, au-delà de toute imagination, & nous eût offert le plus beau de leurs chef-d'œuvres. Au reſte, je découvre dans ce Tableau trop de causes qui lui enlèveront l'unanimité des suffrages, pour ne pas chercher quelqu'autre ouvrage où l'Auteur les mérite mieux.

Le Poëte. Monsieur, qui nous écoute, vous les indiquera, c'est un Peintre, il est en état de juger ses pairs.

Le Peintre. J'ai pris plaisir à vous entendre, & je crois mes pairs très-bien jugés par vous; nos Arts n'ont également pour objet que l'expression des passions; la Musique remplit cet effet par des moyens plus naturels; la Poësie par des moyens plus féconds; la Peinture par des moyens plus frappans; mais une fois sortis des études méchaniques de l'Art, nous avons tous une étude pareille à faire de la Nature, qui nous rend les Juges les plus capables de prononcer sur nos productions réciproques; je dirai plus, le Peintre qui n'est pas un barbouilleur, le Musicien qui n'est pas un croque-notes, le Poëte qui n'est pas un rimailleur, forment seuls une classe de Philosophes auxquels on ne sauroit contester ce nom; car si l'homme qui passe ses jours dans la contemplation de la nature, a le droit d'y prétendre, à plus forte raison doit-il appartenir à l'Artiste dont les Ouvrages démontrent qu'il en a fait une étude continuelle; & certes la distance est grande entre celui qui ne fait que la contempler, & celui qui la fait peindre.

Le Musicien. Excepté en ce qui tient au méchanisme de la Peinture, vous nous croyez donc en état de prononcer sur vos ouvrages ?

Le Peintre. Oui; mais sitôt que vous voudrez passer certaines bornes, je vous conseille de me prendre pour guide ou pour correcteur.

Le Musicien. Si je voyois une belle disposition
dans ce Tableau d'Astianax, qu'on arrache des N°. 29.
bras d'Andromaque, par l'ordre d'Ulysse, me
trouveriez-vous sujet à réprimande ?

Le Peintre. Je vous accorderois que l'effet de clair-obscur en est bon, mais en ajoutant que tout lui est sacrifié. Ulysse est là comme sur un théâtre; Andromaque toute entière est prise sur le mannequin; c'est une étude de draperies. Ce personnage, mis dans le fond sans autre dessein que de remplir la place, est une copie trop sensible de la belle figure qui, dans un tableau du Poussin, jette un regard de compassion sur les ravages qu'a fait la peste.

Le Musicien. Ne trouvez-vous pas dans le jeune
Achille, apprenant à tirer de l'arc, une jambe N°. 167
plus longue que l'autre ?

Le Peintre. Point du tout, je vous assure : je souhaiterois seulement que la lumière eût été distribuée de façon que cette partie eût moins frappé la vûe. Les ombres sur le corps du Centaure pouvoient être moins égales ; mais je préfère ce ton noir & vigou-
N°. 95. reux, sans dureté, au ton clair, mais un peu sale, de la Piscine.

Le Poëte. Pour moi je n'approuve pas dans ce dernier tableau le desséchement du Paralytique; cette figure démontre que l'Auteur connoît parfaitement l'anatomie ; mais c'est une science si nécessaire au grand Peintre, qu'il ne doit pas affecter mal-à-propos de prouver qu'il la posséde.

Le Musicien. La tête du Sauveur manque de noblesse.

Le Peintre. L'architecture est d'un bon genre; les personnages sont assez heureusement combinés ; presque toutes les parties de la peinture sont réunies dans ce tableau à un point de médiocrité qui le rend estimable, mais d'ailleurs n'excite ni intérêt, ni admiration.

N°. 96. Le petit enlèvement d'Orithie est un chef-d'œuvre pour la pratique & le métier. Celui que
N°. 94. l'Auteur donne à l'Académie pour sa réception, n'a sur le petit d'autre avantage que le mérite de la grandeur ; examinez pourtant la jambe de ce Borée, ce n'est pas, quant au dessin l'ouvrage d'un Maître ordinaire.

Le Poëte. Au nom des Dieux, dites-moi une chose que j'ai toujours été curieux de savoir, & que j'ai toujours oublié de demander. Reçoit-on à l'Académie des Peintres en éventails?

Le Peintre. Je ne crois pas, du moins cela n'est pas dans les Statuts de l'Académie.

Le Poëte. Cela suffit : je vous remercie. Ce grand tableau de Zéphire & Flore me l'avoit fait soupçonner. N°. 4.

Le Musicien. Quelle est cette jolie femme que N°. 119. j'apperçois en chapeau de paille, tenant une palette à sa main?

Le Poëte. C'est apparemment un portrait, fait par Duplessis, de quelques-unes de ses éleves.

Le Peintre. Vous vous trompez. Le Peintre n'a eu que soi pour modèle.

Le Poëte. Comment cette jolie personne s'est peinte elle-même!

Le Peintre. Je crois qu'il seroit difficile à tout autre de mieux réussir. Il est fâcheux que ses cheveux soient un peu négligés.

Le Musicien. Elle paroît avoir les goûts des grands Artistes; le soin de sa parure ne l'occupe pas. Est-elle en état de traiter l'histoire?

Le Peintre. Non. Le bras, la tête, le cœur des femmes sont privés des qualités essentielles pour suivre les hommes dans la hau terégion des beaux arts. Si la nature en produisoit une capable de ce

grand effort, ce ſeroit une monſtruoſité d'autant plus choquante, qu'il ſe trouveroit une oppoſition néceſſaire entre ſon exiſtence phyſique & ſon exiſtence morale. Une femme qui auroit toutes les paſſions d'un homme, eſt réellement un homme impoſſible. Auſſi le vaſte champ de l'Hiſtoire, qui n'eſt rempli que d'objets vigoureuſement paſſionnés, eſt fermé pour quiconque n'y ſauroit porter tous les caractères de la vigueur. Cependant on permet aux femmes d'exercer leurs talens ſur quelques ſujets qui n'exigent que de la délicateſſe & des graces ; mais
N°. 113. il leur ſied mal d'ignorer que, dans leurs eſſais, au moins, elles doivent reſpecter les ſujets d'Homère, & ce ridicule eſt trop fort, pour pouvoir leur être caché.

N°. 115. *Le Poëte.* Ne trouvez-vous pas que cette abondance eſt d'un beau coloris?

Le Peintre. Je n'admets de beau que le vrai. Je conviendrai, ſi vous voulez, que ce coloris eſt des plus brillans.

Le Muſicien. Je regarde comme un peu morne
N°. 162. celui d'Andromaque pleurant Hector.

Le Peintre. Il ſeroit permis d'y deſirer plus d'éclat; mais tel qu'il eſt on peut en être content. Le ton de couleur eſt même, dans ce tableau, la ſeule choſe qui tienne au caractère héroïque & à celui de la ſcène. Du reſte Hector ne diffère en rien d'un mort ordinaire ; je ne vois nulle dignité dans ſa poſe ni dans ſon air de tête. La ſimplicité du fond eſt peu recommandable, parce qu'elle rappelle un moyen cent fois employé. Andromaque dans sa douleur ne me fait pas entendre qu'elle a perdu son époux, que cet époux étoit le défenseur de son pays, qu'il ne pouvoir tomber que sous l'effort d'Achille au désespoir. Rien dans cette composition ne me transporte aux rivages Troyens. Les draperies sont assez larges. La main d'Andromaque est manièrée, elle ne s'attache pas bien au bras, qui lui-même n'est point assez beau. Les armes sont d'un bon style, & c'est tout.

Le Poëte. J'aurois cru que cet enfant qui console sa mère en la carressant, auroit obtenu vos éloges.

Le Musicien. Les enfans sont devenus les grands ressorts des Arts. En Peinture, en Musique, en Poesie on les produit comme Acteurs ou comme Auteurs. Je vois de toutes parts qu'on amuse le François avec des balivernes. C'est bien nous qui faisons le rôle d'enfans.

Le Peintre. Je ne trouve pas celui-ci sans mérite : mais pourquoi lui donner le costume qu'a donné le Poussin au fils de Germanicus? Pourquoi même s'écarter ainsi des vérités de la belle & simple nature. Consultez-la, consultez le Poussin qui en fut le plus fidèle observateur, vous verrez à côté de la femme de Germanicus, l'enfant plus étonné d'un spectacle nouveau, qu'instruit, comme celui-ci, de la manière de rendre des sentimens distincts, avantage que ne sauroient avoir des personnages si jeunes. Quoi, son père est-là, verd, sanglant, mort, tel que cet enfant ne l'a jamais vu, & il peut détourner l'œil de dessus le corps de son père, & il s'amuse à caresser sa mère, quand il devroit me faire entendre ses cris ou demeurer stupide! Non, non, ce n'est pas après avoir imaginé ce tableau, qu'il faut s'applaudir d'avoir saisi la nature, & tout un Museum rempli de sujets aussi peu rendus, n'y rameneroit pas deux fois les amateurs du vrai.

Le Musicien. Quels ouvrages peuvent donc échapper à votre censure; nous avons parcouru les plus beaux.

Le Peintre. Hors deux ou trois, presque tous les tableaux cette année ont le mérite d'être bienp eints; les Artistes ne me paroissent plus ces élèves timides, de qui la main savoit à peine guider le pinceau, & dont il étoit nécessaire autrefois d'encourager les efforts; ce sont de jeunes, mais fort habiles Maîtres, qui s'ils étudient vingt ans l'expression, ne mourront pas sans laisser sur leur tombe des compositions du premier mérite, porté peut-être jusqu'au sublime.

Le Poëte. Je suis fort aise de vous avoir entendu, il n'y a qu'un moment, prononcer le mot de *style*; terme technique qui, sans contredit, nous est dû.

Le Peintre. Il est vrai que le mot de *style* nous est commun ; je doute si nous y attachons la même idée. En peinture, il annonce un choix particulier de formes & d'ornemens, dont la seule inspection fait à l'instant connoître le rang des personnages & la nature du sujet.

Le Poëte. Chez nous il indique tantôt un choix d'expressions, tantôt un choix d'idées, tantôt une combinaison particulière de phrases plus ou moins propre à bien rendre les divers objets dont on s'occupe.

Le Peintre. Le style en Peinture & en Poësie ne sauroit être la même chose, car les parties de l'une ne sont pas relatives aux parties de l'autre. Vous appelez souvent style ce que nous distinguons sous les noms de pinceau, de touche, &c.; ce qui caractérise un Auteur dans la couleur, dans le dessin, dans la composition, reçoit le nom de manière, & vous, vous appelez éternellement style, une réunion de parties indéfinissables, par lesquelles chacun de vos grands Poëtes vous affecte confusément d'une façon particulière. Tandis que nous dirons d'un Peintre, sa couleur est vigoureuse, vous direz d'un Ecrivain, son style est nerveux ; si nous disons de celui-là sa touche est spirituelle, vous direz de celui-ci son style est brillant ; si nous parlons d'un beau pinceau, vous parlerez d'un beau

ſtyle. Ainſi, pourſuivant cette imparfaite ſimilitude,
N°. 167. le deſſin pur du Centaure pourra donner en Poëſie
l'idée du ſtyle châtié; le défaut de ſoupleſſe dans
N°. 1. les figures de Priam, celle du ſtyle froid; la manière
molle qui ſe fait ſentir dans les deux Veuves d'un
N°. 2. Indien, celle du ſtyle foible; le vain étalage de
draperies joint aux attitudes de théâtre, prodiguées
N°. 29. dans l'Aſtianax, celle du ſtyle à prétention; l'eſpèce
de contrainte où ſemblent ſe mettre tous les perſon-
N°. 12. nages du Bayard, comme pour ſe montrer à l'envi,
celle du ſtyle guindé, l'incertitude du trait & les jolies
N°. 19. penſées de l'Adonis, celle du ſtyle négligé; le manque
de maſſe dans la fête à Palès; celle de l'incohérence
N°. 32. de ſtyle; l'expreſſion chargée de Virginie, celle
N°. 11. du ſtyle groſſier; la tournure grivoiſe, les draperies
mouillées, les ameublemens gothiques de la Cléo-
N°. 146. pâtre, celle du ſtyle bas & ignoble. Je ne vois pas
que rien me rappelle ici ni le ſtyle barbare, ni le ſtyle purement héroïque. Je ne ſuis frappé ni de ces défauts, ni de ces beautés qui tiennent à l'extrême vigueur de l'ame. C'eſt à vous maintenant que je demande ſi j'ai trouvé chez les Peintres des équivalens juſtes, au mot employé avec différentes modifications par les Ecrivains.

Le Poëte. Je dois douter comme vous; car il faudroit une égale pratique dans nos deux Arts, pour être en état de réſoudre cette queſtion.

Le

Le Peintre. Et, qu'entendent les Muſiciens par *ſtyle* en muſique ?

Le Muſicien. L'obſervation de toutes les convenances.

Le Poëte. Rendez-nous cette idée plus claire ?

Le Muſicien. Nous diſons qu'un Auteur a plus ou moins de ſtyle, ſuivant qu'il imagine une mélodie plus ou moins convenable au genre de ſon ſujet, & en même-temps une harmonie plus ou moins convenable à ſa mélodie; c'eſt ce qui fait, par exemple, *que le duo* tant vanté du Silvain : *dans le ſein d'un Père*, ne rempliſſant que foiblement la dernière de ces convenances, & preſque jamais la première, nous ſommes en droit de dire qu'il manque de ſtyle.

Le Poëte. M. Marmontel, Auteur des paroles de ce duo, prétend cependant que c'eſt un exemple du pathétique noble.

Le Peintre. Bon, M. Marmontel, ne donne-t-il pas comme exemple de *trait ſublime* le maſſacre des Innocens par Rubens, & ne le met-il pas en concurrence avec la tranſſiguration de Raphaël & le deluge du Pouſſin.

Le Muſicien. Cela prouve qu'il faut être plus que Littérateur pour ſavoir apprécier des Muſiciens & des Peintres.

Le Peintre. N'allez pas revendiquer auſſi le mot

d'harmonie. A vous deux, vous vous partageriez notre vocabulaire.

Le Musicien. Les Poëtes ne se sont pas fait un scrupule de nous l'emprunter, ainsi que les Peintres.

Le Poëte. Nous l'appliquons à l'art de combiner agréablement les mots.

Le Peintre. Nous, à celui de combiner agréablement les masses de couleur.

Le Musicien. Nous aussi, nous nommons harmonie l'art de combiner agréablement des suites régulières d'accords; mais nous nommons encore harmonie, l'art profond de subjuguer l'ame en charmant l'oreille par un emploi savant de tous les moyens que la musique fournit. Ce double sens donné au mot harmonie, jette dans bien des erreurs le Poëte & le Peintre qui, d'après le mot, veulent nous juger sur la chose.

Le Poëte. Messieurs daignerez-vous abaisser vos regards sur ces petits cadres.

Le Musicien. On y trouve par fois d'agréables choses; par exemple, dans le Vieillard voyageur,
N°. 7. ce petit enfant n'est-il pas charmant ?

Le Peintre. Je me garde bien de juger avec sévérité de petits ouvrages de genre. Celui-ci d'ailleurs prouve dans son Auteur une bonne ame, un Peintre plein de talent, & qui voit la nature basse avec d'excellens yeux. Sa manière a quelque chose de

miſérable qui convient parfaitement au ſujet. Vous N°. 5.
n'avez pas remarqué ſa tête du Juif à terre, elle eſt
d'un aſſez bon deſſin.

Le Poëte. Que direz-vous du déjeûner ? N°. 143.

Le Peintre. Parmi les turlupinades groſſières, celle-ci peut tenir ſon rang. Elle ne rappelle ni les charges ſpirituelles du Carrache, ni les groteſques divertiſſans de Callot. C'eſt une claſſe à part; c'eſt en peinture l'équivalent des œuvres de d'Aſſouci.

Le Poëte. Et ces étrennes à Julie ? N°. 142.

Le Muſicien. Je ne ſais qui pourra ſe plaire à jeter l'œil ſur ce meſſage ſcandaleux.

Le Peintre. Voyez que de mauvaiſe grace & d'efforts dans la main qui tient une lettre.

Le Muſicien. Quel avantage ce ſeroitpour la vertu N° 145.
ſi l'Auteur quittant le ſoin de peindre l'amour maternel, vouloit ne plus s'occuper qu'à montrer le tableau du vice, il ſeroit sûr d'en inſpirer le dégoût.

Le Peintre. Que vous ſemble de la jeune fille N°. 40.
portant à l'Amour une guirlande de fleurs.

Le Muſicien. Que ſi elle exiſte, il eſt à deſirer qu'elle n'oublie pas de lui porter ſon cœur.

Le Poëte. Ce tableau eſt ſi animé, ſi ſéduiſant, ſi plein de graces & de vérité, que par-tout où je le ver rois, je ne me croirois pas ſeul.

Le Muſicien. N'admirez-vous pas comme ce ſatin eſt bien imité!

Le Peintre. J'admire combien les Peintres de

portraits prodiguent aujourd'hui cette étoffe. Si la manie du satin gagne aussi les Peintres d'histoire, nous sommes perdus; le sallon prochain va ressembler à la boutique d'un Marchand.

Le Poëte. Je crois m'appercevoir le premier d'une lourde faute; les habits sont presque tous mal éclairés, s'il faut en juger d'après la manière dont les têtes le sont.

Le Peintre. Vous vous trompez; voici pourquoi. Le velours & le satin ne reçoivent pas une lumière invariable comme les autres étoffes, ils sont tissus de façon qu'ils paroissent changer de jour quand c'est nous seuls qui changeons de place. Il ne suffit donc pas de mettre le portrait à la sienne quand vous voulez voir si l'habit est bien éclairé; mais il faut encore que vous vous mettiez vous-même à la place d'où le Peintre a voulu qu'il fût regardé.

Nos. 17 & 18. *Le Peintre.* Voilà deux Charités Romaines.

Le Musicien. C'estdommage que le sujet soit rusé; la comparaison que l'on en pourroit faire ne sauroit être piquante.

Le Peintre. Dans le N° 31, la jeune fille témoigne plus d'inquiétude; dans l'autre, N° 18, le vieillard est plus empressé. Mais au grand jour qui règne dans la prison, beaucoup de gens la pourroient croire en plein air.

Le Musicien. Ce seroit un moyen pour favoriser

l'étude de l'expression, que de donner quelquefois à différens Peintres le même sujet à traiter. Ici le parallèle n'est pas à l'avantage de M. Lagrénée; mais dans les petits sujets il est hors de comparaison par l'esprit, la grâce & une certaine facilité que peu de Peintres ont comme lui l'art d'y répandre.

Le Peintre. N'avons-nous pas sauté quelques Tableaux? Oui, sans doute, en voici un dont l'annonce est laconique : *Maillard tue Marcel.* N°. 86.

Le Musicien. Je suis bien aise que nous y revenions; j'étois en peine de savoir quel moment de l'histoire de Dom Guichotte ce tableau représentoit : ce pouvoit être Sancho Pança quand il fait de nuit la veille des armes, & qu'il a tué un cochon à l'hôte; mais ce pouvoit être aussi le même Sancho Panca renversé par les ennemis, quand ils surprennent son isle de Barataria.

Le Poëte. Quel est ce Tableau, élevé au troisième ciel, & dans lequel j'apperçois un Henri IV, il paroît mériter une bonne place, mais pas tout-à-fait si haute?

Le Peintre. C'est la naissance de Louis XIII; N°. 179.
ces sujets-là plaisent difficilement, à cause de l'ingratitude du costume & de la contrainte du portrait, deux obstacles assez bien surmontés ici; la scène du moment y est bien saisie.

Le Muficien. Ce St Jean prêchant dans le défert,
N°. 20. ne paroît pas avoir été grand converfiffeur de femmes; car en voilà une qui fe tient affez leftement devant lui.

Le Poëte. L'Auteur a peut-être cru faire un pen-
N°. 14. dant à fon Bacchus. Vous ne nous avez rien dit du
N°. 36. portrait de ce Hollandois?

Le Peintre. Il eft de main de Maître. Dans la fête
N°. 32. à Palès, je vois avec plaifir la jeune fille qui élève un agneau dans fes mains. Elle eft tout-à-fait dans le goût de l'antique. Cette grande Académie de malotru forme avec elle un affez bifarre contrafte.
N°. 1. Dans ce Tableau comme dans celui de M. Vien, je ne vois point de parti pris pour éclairer les objets. Les objets eux-mêmes font trop difperfés. Quand on fe propofe de manquer d'effet, ne devroit-on pas chercher par un autre mérite, à captiver le fpectateur? Il reftoit au Peintre de quoi choifir entre le coloris, le deffin, le clair obfcur, l'expreffion, le grand ftyle & la belle ordonnance.

N°. 34. *Le Poëte.* Que direz-vous du Don réciproque?

Le Peintre. L'idée m'en paroît plus ingénieufe que l'exécution n'en eft belle. Comment le Peintre a-t-il pu s'oublier jufqu'à donner à l'Amour les mêmes yeux qu'au petit chien?

Le Poëte. Nous nous laiffons reporter par la foule devant la Veuve, qui difpute à fa rivale une place fur le bûcher qui va confumer leur époux commun.

Le Peintre. Vous êtes bien bon, de lui prêter cette intention ; elle s'avance assez froidement dans un ajustement qui n'est pas plus Indien que Turc. Son nigaud de frère se reconnoît au caractère niais de la famille. Quant à sa rivale, qui fuit en se grattant la tête, c'est de crainte & non de dépit, qu'elle s'en va. Remarquez l'utilité des chevaux partout pays ; celui-ci couvre tout d'un coup un large morceau de toile ; lui & l'ordonnateur du sacrifice, espèce de grand Prêtre qui a le torse court, les bras cassés & le torticolis, sont à eux deux les causes principales de l'effet que l'on remarque dans ce grand Tableau. N°. 2.

Le Musicien. Je soupire après quelqu'ouvrage, qui me force de revenir souvent au Sallon.

Le Peintre. Ce sera pour une autre année. Au caractère que vous cherchez dans les Tableaux, vous ne trouverez pas ici votre affaire.

Le Poëte. Voulez-vous que nous regardions la Sculpture ?

Le Peintre. A quoi bon? Hors les Statues que l'on destine au Museum, le reste est un amas de Portraits plus ou moins ressemblans, rarement agréables à l'œil de l'Amateur, presque toujours indifférens à celui de l'Artiste. Mais, hommes, femmes, nobles, bourgeois, tout veut se montrer. Le plus laid s'accoutumant à sa figure, croit que Paris doit prendre plaisir à la voir.

N°. 254. *Le Musicien.* Eh bien, conduisez-nous aux Statues : celle de Lafontaine me fait grand plaisir. Le Statuaire a senti que l'on peut être bon-homme, & n'avoir pas l'air d'un sot.

Le Peintre. Les vêtemens sont d'un bon choix, & font un excellent effet.

N°. 265. *Le Poëte.* Voici, pour ainsi dire, une seconde édition de Montesquieu.

Le Peintre. Il est vrai que l'Auteur n'a rien conservé du plâtre qu'il en avoit donné : pas même la tête, je crois. . . . .

. . . .

Le Poëte. Vous connoissez l'homme qui, au jugement de Boileau, doit être regardé comme le plus grand génie entre tous les Ecrivains du siècle de Louis XIV.

Le Peintre. Si je le connois ! C'est Molière. Je
N°. 219. le cherche de tous mes yeux.

Le Musicien. Beaucoup de gens disent que le voilà.

Le Peintre. Ce sont apparemment des gens qui savent mieux lire dans les livres que dans la physionomie. Ils voyent écrit sur des feuilles volantes, *l'Avare*, le *Misantrope*, & ils se doutent que l'on a représenté Molière, au lieu que moi, je suis presque tenté de dire avec Boileau :

> Dans ce sac ridicule où . . . .

le reste est connu ; les vers de Boileau ne sont pas de ceux qu'on oublie.

Le Musicien. Par l'attitude qu'on a choisie, on a voulu faire entendre qu'il avoit pris la nature sur le fait.

Le Peintre. On a donné l'idée d'un espiegle qui court après un ridicule pour s'en moquer.

Le Poëte. Il falloit donner celle d'un Philosophe profond, qui, dans l'alliance nécessaire entre le vice & le ridicule, nous apprend à démasquer l'un par l'autre.

Le Peintre. Messieurs, la meilleure critique n'a d'utilité que quand elle a de justes bornes. Vous en avez dit assez pour montrer aux Peintres que s'ils s'adonnent à l'expression, leurs soins ne seront pas perdus; & que s'ils regardent l'estime & l'admiration comme un prix digne de leurs efforts, ils sont en état d'y prétendre. Ceux qui se connoîtront en suffrages, seront jaloux de mériter les vôtres; à une portion de goût suffisante, vous joignez une franchise assez rare : c'est avoir de quoi ne pas se tromper souvent. Laissez germer dans les bons esprits les réflexions que vous avez semées, & faites-moi le plaisir de m'admettre dans votre intimité. Je vous donnerai mon avis sur vos ouvrages, & je vous consulterai sur les miens.

Le Poëte. Ce sera bien de bon cœur.

Le Musicien. Du caractère dont nous sommes, nous allons former une société charmante.

Le Peintre. Il eſt ſi doux de rencontrer des hommes en état de nous apprécier.

Le Muſicien. J'ai toujours ſoutenu que l'approbation d'un bon Artiſte dédommageoit des éloges d'une vingtaine de ſots.

Le Poëte. Par la même raiſon, ſa cenſure doit faire une impreſſion vive.

Le Muſicien. C'eſt ſelon. Il y a des gens qui ne la ſentent pas.

Le Peintre. La critique n'afflige guère tous ceux qui ſont au-deſſous d'elle. Mais ſi, par exemple, je diſois à Vernet : *Dans votre genre, vous n'êtes pas parfait*, & que j'euſſe raiſon, il en mourroit.

J'IMPRIME encore ce dernier Ouvrage ſur le Sallon. Puiſſe-t-on ne le pas trouver inférieur aux premiers. Mais afin que le blâme ou l'honneur, s'il en procure, ne retombe que ſur ſon Auteur, je déclare qu'il eſt d'un Muſicien connu par un livre jugé très-utile, de l'aveu des Maîtres de l'art.

L'Auteur de la *Critique des Critiques* s'eſt mépris, en l'attribuant à M... J'ai lieu d'être flatté que dans cette ſuppoſition même, il ait toujours diſtingué favorablement mon Ouvrage de ceux de M. . . . .
au portrait qu'il fait de M... je n'ai garde de me reconnoître. Au détail qu'il nous donne des occupa-

tions amusantes de M... le train de vie que je mène me semble un peu moins *joyeux*. Partagé entre le soin journalier de mon existence, le desir de ramener mes compatriotes au goût du vrai, & la recherche que je fais dans mon art, de tout ce qui peut m'y conduire, abandonné seul, & sans aide aux dégoûts qui suivent ces divers emplois, je trouve la vie un fardeau pénible, qu'il faut que je supporte, mais que je suis éloigné de supporter avec plaisir. L'Auteur de la Critique des Critiques ne pouvoit donc me choisir un prête-nom plus opposé, soit par ma condition, par mon caractère, par ma façon de sentir, par l'espèce de mes talens, ou enfin par ma fortune; mais je le remercie de ne s'être point laissé guider par cette aveugle prévention, & de m'avoir accordé son suffrage, auquel j'attache beaucoup de prix.

Si les Peintres & les Statuaires ne voyent pas dans cet Ecrit un flatteur gagé pour leur applaudir, du moins n'y verront-ils pas un de ces rivaux jaloux dont l'intérêt est moins de juger que de nuire, ni un de ces Amateurs étourdis qui de tout temps ont jugé les Arts avec une indiscrette légèreté, espèce d'hommes bizares, qui, passant jadis pour savoir tout sans rien apprendre, de nos jours apprennent tout pour ne rien savoir, & dont l'inconséquence outrée justifie en quelque sorte les auteurs de toutes les compositions foibles, ſans raiſonnement, ſans étude, ſans paſſion, ſans caractère, que chaque Sallon peut offrir, parce qu'elle fait préſumer d'avance qu'ils ne ſeroient pas capables d'examiner avec plus de ſoin des ſujets plus ſavamment traités.

FIN.

www.ingramcontent.com/pod-product-compliance
Ingram Content Group UK Ltd.
Pitfield, Milton Keynes, MK11 3LW, UK
UKHW020413220726
13923UKWH00004B/1927